A VECES NO PASA, PERO PASA

A VECES NO PASA, PERO PASA

JUAN DEL CAMPO

*INSTAGRAM: @ELJOTACE_*

Maquetación:
Andrés Alarcón
Corrección
Nataly Moguel

Para ella.

Nota del autor:

Creo que las cosas pasan siempre por algo y para algo, claramente en ocasiones no suceden como queremos y duelen, pero al igual que no pasan, con el tiempo "pasan" y dejan de doler.

Recomiendo que lo acompañes con tu bebida caliente o fría favorita, o por qué no… con un buen vino.

¡Ah! Solo para aclarar… La salud mental, la depresión, la ansiedad y cualquier otra condición, no son un juego, si estás sintiendo que no puedes, busca ayuda. Este libro solo intenta expresar todas las etapas y experiencias que viví o que fui testigo de alguien más que lo hizo. Soy solo un escritor que busca expresar lo que siente y aprende de la vida. Dicho esto ¡A chingar a su madre quien te lastime! No te merece.

¡Disfrútalo mucho!

Indice:

Café expreso

En el camino quizá te pierdas tantito, igual y lloras un poquito o se desbordan ríos de tus ojos. No te voy a mentir, pasarás algunas noches preguntándote: ¿Qué pasó? ¿Dónde estuvo el error? ¿Debí dar más? ¿Será mi culpa? ¿Y si cambio esto o aquello?, etc.

Querida, mientras tu amor propio no esté bien cimentado, con cuerpo y aroma, que se perciba por todo el lugar, como el olor del café al entrar en una cafetería, no podemos continuar. Así que déjame ayudarte tantito.

Quizá debas mirarte al espejo, dedicarte todas aquellas palabras que salieron de tu enamorado corazón, y no movieron ningún cabello de ese "cabrón". Tal vez deberías dejar de darle tantas oportunidades, para darte una a ti. Invitarte al cine, a caminar, a cenar, hacerte cartitas para decirte lo "chingona" que eres. Arreglarte para ti y llenarte de todos los cumplidos que esperabas recibir, pero que te conformabas con un: te ves bien. En vez de un: ¡su pinche madre, qué bella!, ¿qué hice para que te fijaras en mí?

Ámate a tal grado que no necesites que te amen, más bien, elijas quién te ama, a quién dejas entrar, y a quién mandas a la fregada. Porque no eres un objeto, eres alguien más valiosa que aquel sujeto, y quien no te haga sentir como "morrita" de secundaria enamorada, no merece la pena.

Creo que es tiempo de curarte las heridas como siempre lo has hecho, pero antes, saca todos esos pensamientos de inseguridad que te dejó aquel "puñetas" que no te valoró. Porque neta, vas por la vida alegrándole el día a las personas y brillando como luna llena. Así que define bien tu valor para que no andes aceptando regateos.

El amor propio, es el amor más genuino y original que hay, cuando lo entiendas, dejarás de aceptar copias piratas disfrazadas de amor.

Así que ya lo sabes, la próxima vez que vayas al café, pídete un expreso y que su intenso sabor te recuerde la fuerza con la que debes, y deben amarte.

A veces no pasa, pero pasa.

Un café con la soledad

Muy bien, entiendo, duele. Duelen todas las ideas que te habías hecho de esa persona y que al final, resultaron ser sólo ilusiones de un cuento de fantasía, donde borrabas y reescribías la historia, esperando que cada nueva oportunidad pudiera construir una mejor.

No sabes si es coraje o decepción, rabia o frustración. Lo sé, ¿qué vas a hacer con tantas historias que te habías armado en la cabeza?, pero es que habiendo tantos colores, sigues optando por el que más te hiere. Las señales no mienten, las palabras sí, y estoy seguro que lo sabías, sólo necesitabas leerlo.

Creo que para poder ser tu mejor versión, necesitas echarle ganas, dar ese extra, secarte las lágrimas, sonreírte al espejo y comer mucho, pero mucho chocolate, porque vaya que lo vas a necesitar.
Está bien, ¡dale! Márcale a tus amigas, vayan por el café, las chelas o ambos. Báilale, haz deporte, ríete hasta que te duela el estómago, saca lo que tengas que sacar, que tu pecho no es bodega.

Dedícale dos que tres estados en redes sociales. Jamás tu tiempo completo. Haz lo que tengas que hacer pero hazlo por ti, porque puedes y no necesitas de nadie.
Invítale un café a la soledad, deja que te diga lo que ya sabes y no te atreves a decirte. Guarda silencio, permite que ella hable.

Prepárate para escuchar los mejores consejos, eso sí, ilógicos e irracionales que para nada te van a gustar porque no es lo que quieres, y así está perfecto. Recuerda que no siempre lo que queremos, es lo que necesitamos.

Quizá después de un tiempo tomando el café con la soledad, aprendas a elegir bien a quién le invitas la siguiente taza..

Pero sólo si quieres

Pero sólo si quieres,
te presto mis ojos
por si te han robado tus anteojos.

Pero solo si quieres,
llegamos más lejos que tus ayeres,
y si así lo prefieres, nos perdemos
en los atardeceres.

Pero sólo si quieres,
hacemos un trato,
porque ya me cansé
de verte llorar por el mismo vato,
y quiero demostrarte,
que no eres para un rato.

Te lo digo honestamente,
porque de todos los placeres,
verte, es el más eficiente.

Porque eres fuerte, valiente
y siempre tiras para el frente.
No te detienes
a pesar de lo que tienes.

Sé que eres
de las que ya no hay,
de las que mandan cartitas
y dejan notitas,
de las que aman sin igual.

A veces no pasa, pero pasa.

Te van a mirar

Te van a mirar a los ojos,
como si no hubiera un mañana,
como si no existiera otra.

Te van a mirar,
y van a encontrar futuro.
Se acabarán los juegos y
se derrumbarán los egos.

Cualquiera puede verte,
pero mirarte a los ojos
requiere más valentía
de lo que parece.

Y notarás la diferencia
porque quien te ve,
admira tu presencia,
pero quien te mira,
honra tu ausencia.

Te van a mirar,
y te darás cuenta, porque
el tiempo se detiene
y a tu corazón no hay latido
que lo frene.

Lo sabrás,
porque algo dentro de ti brota,
y sabes,
cuando te miran,
el mundo también lo nota.

Tranquila,
si no te han mirado como quisieras,
necesitas más citas a ciegas,
esas donde no te entregas,
no ruegas, y el amor
no disminuye ni huye.

Porque para verte, cualquiera,
pero mirarte, mirarte
es para dedicarte una vida entera.

Aquí estás

Aquí estás, creí que nunca
me iba a volver a enamorar,
que el sol y la luna
volverían a pasar.

Que los pasos en la arena,
siempre dejarían dos huellas,
ahora son cuatro
y son más bellas.

Valió la pena esperar,
porque al desesperar,
cualquiera se puede equivocar.

Eres mucho más de lo que pedí,
pues nunca creí que pudieras existir,
y es que cuando dejé de insistir,
apareciste para hacerme más feliz.

Había una historia
que ya es historia
y hoy comienza una nueva
que quiero llevar por siempre
en mi memoria.

El destino me habló de ti
pero no le creí por mirar lo que perdí,
hoy estás aquí y al fin lo entendí,
sí podía ser más feliz.

Te quiero.

A veces no pasa, pero pasa.

Tomará tiempo

Tomará tiempo, las heridas no sanan de un día para otro, pero no hay nada que el café y la buena compañía, no arreglen. Eso sí, ¡cuidado! Un corazón en reparación es propenso a confusión, así que apaga un momento ese motor y activa la razón.

Créeme, no puedes saltar de una relación a otra sin antes haber estado sola, sin regalarte lo que nunca te regalaron, sin dedicarte tiempo, ver esa película que a tu ex le parecía "cursi", llorar sin que te digan que exageras, emocionarte por lo más mínimo sin temor a que se burlen. Ser tú misma y estar en paz, porque en serio, después de descubrir todo el amor que puedes darte, nunca volverás a aceptar menos que eso.

Toma tu tiempo, vive tu duelo, acostúmbrate a hacer todo realmente sola o con amigas, pero mantente un tiempo alejada de los "amores", hasta el punto de realmente no necesitar de alguien. Entonces, justo ahí podrás comenzar algo nuevo, desde la elección y no desde la necesidad.

Las decisiones apresuradas no siempre son las equivocadas, aunque son una moneda al aire, y quizá algún día despertarás a lado de alguien reprochándote todo lo que te faltó por vivir, o con un completo extraño. Porque cuando la necesidad se desvanece, el propósito y la conciencia permanecen.

"A veces lo que queremos, no es lo que necesitamos". Probablemente esta frase funcione cuando estamos tan aferrados a algo que nos está dañando. Estas dos cuestiones, al momento de comenzar una relación deben ser un 50/50, porque lo que necesitas te traerá estabilidad a largo plazo, tranquilidad a tu conciencia y apariencia ante los demás. Pero lo que realmente quieres, habita en tu corazón, y si no lo tienes, no te dejará en paz por mucho que tengas lo que necesitas.

Sin prisas se llega más lejos, se toman mejores decisiones y se construyen buenos cimientos. Tómate tu tiempo, café y ya después, te preocupas por el "con quién".

Yo sí quería todo

No olvido las promesas, porque son de esas que no haces con cualquiera. Quizá nos faltó tiempo, ganas o una vida entera. Yo sí quería todo, amarte como lo prometí y sin duda construir una vida muy feliz.

Me quedé con las ganas, me preparé café, y te pensé. Tenía mucho por decir pero decidí que era mejor escribir. No lo niego, te pienso, a diario lo siento y me recuerdo, que yo sí quería todo.

Yo sí quería ser quien te devolviera la fe, en que el amor aún existe. Quien borrara tu carita triste por malos amores que viste. Yo sí quería escuchar lo que nadie más quería, saber cómo estuvo tu día realmente y no por cortesía.

Lo intenté de mil y un maneras pero no lo logré, y a estas alturas ya has de saber que yo sí quería. Me da paz, saber que con las ganas no me quedé, di lo mejor de mí hasta que me rendí, mas no te dejé de querer porque lo nuestro comenzó así, sin querer.

Yo sí quería planear nuestra boda, discutir por los invitados hasta quedar tumbados, llegando a un arreglo del que mejor no cuento, porque ese cuento, se cuenta solo.

Yo sí quería empezar desde cero, quizá sin un peso o con mucho dinero. Poner ladrillo por ladrillo hasta levantar algo, pequeño o grande pero nuestro. Despertar a tu lado cada mañana, y al ver al sol entrar por la ventana, llevarte café hasta la cama. De los hijos ni hablamos, porque la familia es lo más valioso para mí y todo eso que yo quería, lo encontré en ti.

Yo sí quería todo, pero tal vez tú no.

A veces no pasa, pero pasa.

No necesitas más

Tienes todo lo bello de la vida y ella tiene a ti. Aunque a veces pareciera un mar sin salida, te aseguro que no hay barco más seguro que el de tu amor por ti. Y es que puedo escribir y escribir, echarte flores, hablarte de un mundo de colores, pero si de ti no nace, sólo serían palabras fugaces.

Deja que el tiempo pase y las heridas sanen. Toma un momento y ve más lento. Sal a bailar y a disfrutar, pero aún no te vuelvas a enamorar, hasta estar segura de que no necesitas más.

Te lo digo en serio, si te tienes a ti, aprenderás a elegir. Lo sé, para que puedas amarte, quizá necesito recordarte todas aquellas cosas que tal vez olvidaste. Empecemos por el principio, ahí donde le chingaste hasta que lo lograste, cuando nadie se molestó por darte ese abrazo que necesitabas, para que pudieras chillar sin ser juzgada.

Qué tal aquel día que con el corazón hecho pedazos, y con un hueco en el estómago sonreíste y dijiste "no pasa nada, estoy bien". Las noches en que tu almohada empapada de lágrimas y tu pijama favorita te hicieron compañía, y que gracias a eso te hiciste más fuerte y aprendiste a quererte.

No necesitaste más, hoy aquí estás por ser tenaz. Ten en cuenta que para poder avanzar tienes que soltar, perdonar y sanar. Lo lograrás, no cabe duda, porque siempre has podido, puedes, y podrás. Y si no, lo volverás a intentar hasta verlo hecho realidad.

Ánimo, y recuerda que no necesitaste más para volverte a encontrar, porque si de chingonas hablamos, ya estuvo que te mencionamos.

No puedes decir que la amas

No puedes decir que la amas, si te importa un carajo cuando su mundo se viene abajo. Si en vez de estar, decides pasar, porque según tú ya no estás para dramas, ¡JA!, y así dices que la amas.

Si no la llamas cuando necesita hablar, si ha dejado de ser tu prioridad, por favor, no digas que la amas. Sólo no te quejes, ni te metas cuando llegue alguien que no le importen sus dramas, sus berrinches o miles de facetas. Alguien que esté seguro, que ni buscando en todo el planeta, volvería a toparse con tremenda belleza.

No digas que la amas si has puesto primero tus decisiones, sobre sus opiniones. No digas que la amas sólo para meterte en su cama, porque no hay cabrón más grande que quien juega con una dama.

Y sí, para que lo sepas, su cabeza daba miles de vueltas tratando de entender, dónde estuvo el error. Soltando poco a poco el futuro que contigo, en su mente y corazón, ella misma construyó. No digas que la amas, cuando no te importó en lo más mínimo, el amor que ella te daba.

Déjala ir, deja que sea feliz, al lado de quien sí quiere verla sonreír. No la confundas porque en el fondo tiene fe, de que algún día la puedas volver querer. Ella sigue pensando que con el tiempo volverá aquella persona de quien se enamoró, pero tú bien sabes, que ya todo se acabó. No te aproveches de la situación y por favor…

No le digas que la amas.

A veces no pasa, pero pasa.

Olor a ti

Tienes algo especial, en tu olor, en tu esencia, en tu aroma. Algo que me impregna la ropa, el corazón y mis memorias. Aunque me despedí, aún huelo a ti, y mi corazón no deja de latir. Te vi sonreír con el alma y lo reflejó tu rostro, me alegra saber que aún te acuerdas de mí. Me cuesta entender lo que no pudo ser, pero también me encanta saber que eres muy feliz, que ya nada apaga tu sonrisa y que ahora vas por la vida sin prisa.

Me quedó tu olor, y vaya que me dio pavor, porque no sabes cuanto me costó dejarte ir. Quizá esta vez la vida jugará nuestro favor, o quizás no, pero estoy seguro que contigo todo es mejor. Volví a mirar el universo en tus ojos pasar, a sentir tus latidos al ritmo de la ocasión, abrazarte fue lo mejor porque me quedó tu olor.

Podría pasar toda la eternidad, besando tu frente sin parar, mientras el brillo en tus ojos me diga sin mencionar, que más a gusto no podrías estar. No me quería ir pero supongo que así tenía que ser. Hubiera dado todo por ver contigo el amanecer, porque sabes, la vida te da placeres pero ponerte en mi camino, ha sido el mejor de todos ellos.

Te miro aunque no estás, y lo siento, tal vez el miedo a volver a sentir, me mantiene lejos de ti, pero quiero que sepas que estoy más puesto que un calcetín, porque sé que si me aventuro a buscar otro amor, te seguiré encontrando a ti. Amar es cosa de dos, es una decisión que se toma a diario, un camino que se elige y una ruta incierta pero con una meta. Ser felices.

Me llevé tu olor en la ropa, en la piel, en el alma y en los recuerdos.

Te juro que el amor se siente

A la mierda los pretextos, a la chingada las excusas. El amor se siente y si no lo sientes, no es amor. Cierto, es complejo e inexplicable pero de que se siente, se siente.

El amor parte de una decisión y una elección, y aunque el corazón no entiende razón, lo cierto, es que cuando amas, el mundo lo nota, porque el amor brota y es imposible esconderlo, retraerlo, mas no retenerlo.

Detrás de las historias y la complicidad se esconde una bella manera de amar, las miradas se comienzan a cruzar y se entienden sin hablar. Es imposible no procurar a esa persona especial, porque al amar, logras escuchar cada latido de tu corazón. Te llena de emoción el más mínimo mensaje de amor, el detalle más pequeño, como esos que escribes en cajitas de chicles, notitas, o en la piel.

Entonces, si le vas a entrar, hazlo con sinceridad y locura, con pasión, con convicción, con el corazón.

Que nadie te mienta porque alguien que te ama, se adelanta. Sí, vive el presente pero también comienza a poner los cimientos hacia el futuro. No se lo tienes que recordar porque siempre lo tiene presente, y cuando el amor se siente, él o ella siempre te encuentran cada vez que miran al frente.

Estás en sus planes, en sus sueños, en sus anhelos, y aunque se cague de miedo, se avienta, se reinventa y lo intenta.

Cuando el amor se siente no se reemplaza, quizá se acabe si no se cuida y emprenda la huída, para dar paso a nuevos amores de tu vida. En ese viaje, no se acaba, se desactiva, y te juro que el amor se siente aunque digan que es mentira.

A veces no pasa, pero pasa.

Enamórate de alguien anormal

Enamórate de alguien anormal, alguien que te quiera ver progresar, alguien que no le den miedo los retos, que no tenga excusas sino determinación, alguien que le sobren las ganas de amarte con locura.

La vida ya es demasiado compleja como para vivirla con normalidad. Enamórate de alguien que nunca te deje en la lona, que se suba al ring contigo y te ayude a pelear las batallas, alguien que si todo se viene a bajo, arriesgue su vida para sacarte de los escombros.

Enamórate de quien convierta tus desiertos en ríos, que te mire a los ojos y te diga que todo va a estar bien, que te dé tu espacio y vaya despacio, pero que esté.

No te apresures, la vida te recompensará todo el amor que diste y no recibiste. La próxima vez, enamórate de alguien anormal, alguien extraordinario que tome tu mano y no te suelte en ningún momento. Alguien con quien puedas hacer equipo y no rivalidad, que te rete a alcanzar todo tu potencial, que encienda el fuego que hay en ti y no apague la última flama que tratabas de mantener encendida.

Enamórate de alguien que le falte un tornillo y no le tema a nada con tal de hacerte feliz. Que con un sandwichito, unas buenas rolitas y un par de atardeceres te lleve a recorrer los pueblitos mágicos más cercanos, aunque sea en combi o bus, porque cuando se tienen ganas, desaparecen las excusas.

Enamórate de una persona anormal, dispuesta a llegar hasta el final, alguien que se pase por el culo eso de que las relaciones de hoy en día ya no duran, que son efímeras, fugaces, o pasajeras.

Enamórate de alguien diferente al resto, alguien firme en sus valores y convicciones, alguien que te elija todos los días y que a pesar de tenerte, te siga buscando con pasión y locura. No te enamores de alguien normal, alguien del montón, porque de esos sobran. Y es que si vas a entregar tu corazón, asegúrate que sea con alguien fuera de lugar, que te haga sentir y no pensar.

Como sea, sólo quiero decir, que si te vas volver a enamorar, hazlo de alguien anormal.

Tu chat se quedó al final

Solías en los primero lugares estar, pero desde que dejamos de hablar tu chat se quedó al final.

Hoy te pensé, te quería contar que me emocioné, que hoy fue un día especial y entonces recordé, que tu chat estaba al final. Lo veía venir, cuando dejaste de hablarme y comenzaste sólo a contestarme, no hay tos, sí la pasé mal, no lo voy a negar, pero me acostumbré a ya no ver más tu chat.

Hoy desperté y no vi tus buenos días, te extrañé. Me acostumbré a ti, tanto que me perdí, y ahora que no estás me está costando, aun con brújula a volverme a encontrar. Lo voy a lograr, sólo necesito unos cuantos cafés, meterle duro al gym y no volver atrás nunca más.

Traté de entenderte, miles de veces te justifiqué y me abandoné con tal de que te quedaras, buscaba mantener la conversación, te enviaba mis mejores stickers y tus respuestas áridas los mataban por completo. Poco a poco lo dejé de hacer y del diez al uno, comenzaste a descender, no te importó y ahora lo entiendo todo.

Pasaron unos cuantos meses y mi corazón aceptó que mi mente tenía razón, todo iba a estar mejor. Tu chat seguía al final pero no le había puesto punto final, hoy que decidí hacerlo volviste a escribir, esta vez lo pensé, ¿quiero retroceder? Entonces evité responder y lo borré.

Al fin pasé de hoja y quiero comerme al mundo, no tengo prisa por volverme a enamorar, porque entendí que un amor sincero no te descuida y se arrepiente cuando se da cuenta, que mi chat y yo, pasamos a estar al final, y si algo ahora sé es que merezco el primer lugar.

Despreocúpate, tu chat ya no está hasta el final. Ya ni está.

A veces no pasa, pero pasa.

Ni te imaginas lo que se siente

Pude hacerme a la idea de que no eras tú, pude desacostumbrarme a nuestras risas, a lo bien que la pasábamos, a tu inigualable locura, a tu sonrisa, a tus abrazos, a tu olor, a tu esencia. Logré después de mucho, imaginarte con alguien más, y te juro que me alegré por ti.

Hice cálculos, planteé realidades, inventé ecuaciones en las cuales resolvía un futuro sin ti y estaba bien, pero nunca consideré la variable de que todo esto era pura teoría, y cuando llegó el momento de la práctica, todo para lo que me había preparado, se desvaneció.

No sé si existirá un futuro en donde en el altar podré mirarte a los ojos y decir: acepto. Hoy te vi mirar otros ojos y entendí que en este presente no soy yo. Lo sé porque así me mirabas a mí. Recuerdo lo que te hice sentir y puedo reconocer cada latido de tu corazón palpitando por alguien más. Sé como me dedicabas toda tu atención, puedo recordar tus ocurrencias y caprichos, que genuinamente encajaban con mi manera de consentirte.

Ni te imaginas cómo se siente. Más que imaginarlo, verlo a diario, saber que alguien más ocupa mi asiento en un auto que ya no es el mío, que ya no te burlas de mis rolitas, ni me levanto temprano para hacer las notitas que te escondía para alegrarte el día.

Ni te imaginas cómo se siente vivir en el presente, estando tú ausente. Llegar a casa, recorrer todos los días la misma ruta y lugares, pero sin ti. En verdad ni te imaginas cómo se siente, ver que de repente alguien se sacó la lotería sin comprar boleto.

Y neta, ni te imaginas cómo se siente, que a pesar de todo lo que pasa en mi presente, sigo siendo fiel creyente de que valías toda la pena del mundo.

Un masajito en los pies

Te mereces un masajito en los pies al llegar a casa, no una discusión y malos tratos. Y con llegar a casa, me refiero al lugar donde tú eliges que lo sea. No tienes porque estar en un lugar donde te impidan brillar, donde quieras contar lo más absurdo de tu día para compartir esa alegría, donde en vez de escucharte decidan ignorarte.

Te mereces un masajito en los pies por todas esas batallas internas que estás peleando y sé que ganarás. Sólo necesitas tiempo, echar una que otra lloradita y llegar al fondo para tomar impulso y volver hasta arriba de nuevo.

Mereces un masajito en los pies y desayunos todos los días, con notitas para recordarte lo mucho que te aman y lo chingona que eres, por si algo sucede en el trabajo y quiere arruinarte el día. Aléjate de quien en vez de tenerte preparada la cena y un café para escuchar tus sueños locos e irracionales, te prepare una escena de terror atacando tus inseguridades.

Que nunca te hagan pensar que no mereces lo que para ti es importante. Ni se te ocurra abandonarte por ganarte un lugar que no necesitas pelear, porque deberías tenerlo con el simple hecho de poder ser tú misma.

Mereces un masajito en los pies todo los días, que te reinicien el alma y la vida. Deja de pelear batallas que no te corresponden y huye de quienes en vez de pelear las guerras a tu lado, quieran pelearlas contra ti.

Pero si aún no encuentras a alguien así, no importa, arregla tus pies, ordena tu vida, acomoda prioridades, mantente sola hasta que encuentres a alguien que esté dispuesto a darte un masajito en los pies, toda la vida.

A veces no pasa, pero pasa.

Somos más que eso

No somos amigos, somos más que eso y lo supe desde aquel beso. Quizá podrás negármelo a mí y al mundo, pero jamás podremos mentirnos a nosotros mismos.

El tiempo lo dirá, quizá en otros brazos vas a estar, fingiendo una sonrisa que te llena la vida y te inunda el alma, pero cuando el ruido pare y el silencio sea el único que te acompañe, si yo tenía razón, me pensarás, porque somos más que eso.

Yo lo tengo claro, desde que la soledad se volvió mi acompañante, no hay un instante en que no confirme que no te necesitaba, te elegía todos los días, minuto a minuto y segundo a segundo, aunque no te importó.

Somos más que eso porque aunque pasemos un tiempo sin vernos, nuestros abrazos son eternos, me llevo parte de ti y tú lo mejor de mí.

Tal vez parezca que espero por ti y puede que sí, sin embargo, no estoy anclado al puerto donde decidiste irte, navego en este mar de sueños y metas, y pienso cumplirlas.

Han pasado años y sigo sin explicarme, cómo sigues presente a pesar de estar ausente y aunque a ratos apareces de repente, te vas y sólo puedo besar tu frente.

Somos más que eso, y aunque no volviéramos a vernos, seremos eternos.

Un consejo para evitar amores pendejos

Alguien que quiere cambiar porque le importas no necesita dos oportunidades, que no se te olvide.

No deberías pasar por alto actitudes de personas que te hieren constantemente, porque no, tus peticiones y las miles de pláticas que has intentado entablar, no son infantiles y muchos menos exageradas. Si te duele, es importante.

Quizá deberías comenzarte a hacer las preguntas que no te atreves a hacerte porque conoces las respuestas, pero piensa, ¿tanto vale la pena el lugar que te dan como para renunciar a ti?

Deja de buscar amor completo en personas incompletas, porque afuera estoy seguro darían lo que sea por hacerte ver todo el daño que te haces, por tratarte de la manera en que te gustaría ser tratada y escuchada.

Eres más que una cara bonita, trasero, un par de pechos y lindos ojos. Eres fuerte, inteligente, carismática, ocurrente, eficiente, chispa, valiente, y la lista podría seguir pero estoy seguro de que lo sabes.

Deja de taparte los oídos cuando tú misma te dices «sal de ahí». Deja de pintar escenarios en donde esta vez, sí cambia. ¿Cuántas horas más tendrás que pasar haciendo ajustes en la ecuación y cambiando cosas de ti, para agradarle?

No olvides que luego de un tiempo, se convierte en un ciclo interminable, entonces, vuelves al mismo lugar y todo sigue igual menos tú, porque cada vez te desgastas más.

Creo que el mejor consejo que puedo darte para evitar amores pendejos, es: que te alejes de ellos.

A veces no pasa, pero pasa.

No busques amor en donde hay un te quiero

No busques amor en donde hay un te quiero porque encontrarás un amor fugaz.

No lo busques ahí porque habrá noches en las que no podrás dormir, pensando en la próxima oportunidad que le vas a dar, buscando la fórmula para hacerlo funcionar, llorando sin parar por querer encontrar la paz.

No busques amor en donde hay un te quiero si tu amor es sincero. Deja de perseguir destellos de amor y migajas de atención, tú estás para que te hagan latir el corazón y te llenen de visión.

Te costará leerlo y aun así tienes que entenderlo. No necesitas a esa persona que alimenta tus inseguridades y pasa por alto tus debilidades. Suelta a quien no tiene la menor intención de mantener tu mano en alto cuando creas que has perdido la pelea, a quien no le importa cuanto te duela y lastime su comportamiento.

Deja ir a quien no quiere quedarse, es más, págale el boleto, pero sólo de ida. Y ni se te ocurra volver a donde no eras feliz. No te abandones por alguien que no te ame tanto como tú lo haces, porque nunca exigiste demasiado, pediste lo que merecías y aun así acabaste cediendo por un amor de mentiras.

Por eso, no busques amor donde hay un te quiero, porque siendo sincero, será todo un pedo.

Conocí a alguien que vale oro

Conocí a alguien que vale oro, una persona que la rompieron en mil pedazos, y que aun así cada uno de ellos vale la pena. Una mujer que la tristeza, el dolor y la decepción, la cegaron. Las palabras de alguien que no la valoraba, la hicieron creer que debía ser una persona diferente y se olvidó por completo de ella misma, se tiró por la borda persiguiendo un mar que no existía.

Conocí a una persona rota, de esas que tienen miles de cualidades y te da rabia ver tanto potencial pausado por alguien que le hizo daño. Sé que no puedo ayudar, por eso he decidido simplemente estar, porque estoy seguro que dos veces no la vuelvo a encontrar.

Conocí a alguien que vale oro, que sí, tienes miles de defectos y está llena de inseguridades, acomplejada por tantas situaciones que no dependían de ella pero le hicieron creer que sí.

Conocí a alguien especial, alguien que no puedo dejar de amar y aunque el tiempo pasa, el amor no disminuye. Una mujer que tiene un chingo de huevos, que sigue sonriéndole al mundo y guardando el dolor para su habitación.

Conocí a alguien que vale oro.

A veces no pasa, pero pasa.

Algún día por la tarde

Algún día por la tarde quiero mirarte correr con los niños en el patio de la casa, preparar el asador, hacer sonar la canción que bailamos en nuestra boda y mientras pongo al fuego la carne, sentarme a observarte. Pellizcarme para saber que no estoy soñando, que eres real y que de tantos millones de personas en el mundo coincidí con la mejor de todas.

Sentarme y recordar aquella primera vez que te prometí que estaría para siempre, que nada me iba a hacer cambiar de opinión. Sé que mirar esa escena me hará recordar que no fue nada fácil, quizá una lágrima escurra por mi mejilla al pensar todo lo que pasamos para estar en donde estamos.

Comprando una y otra vez el mismo boleto, apostándote a ti cuando todo estaba en mi contra y el mundo entero me gritaba que te dejara ir. Le creí, le creí a quien nunca rompe su promesa y hoy puedo verla cumpliéndose.

¿Por qué no antes? Supongo que porque lo bueno cuesta, pero lo que no se puede pagar requiere de algo más que esfuerzo. Una bendición.

Lo supe desde que te vi, desde que te oí, desde que te soñé.

Algún día por la tarde besaré tu frente mientras el sol se oculta. Parados frente al mar, escribiremos nuestros nombres en la arena, reiremos a carcajadas al recordar que un día por la tarde, te comencé a enamorar.

Admiro

Admiro tu forma de seguir adelante a pesar de querer morir en ese instante, admiro tu forma de ver la vida aunque para otros pareciera no tener salida. Me encanta tu manera de costurar la herida, sin anestesia. De enseñar tus cicatrices y no odiar a quienes las causaron.

Podrías haber renunciado, podías haber tirado la toalla y tenías todo el derecho de hacerlo, pero secaste tus lágrimas y decidiste continuar.

Y es que al avanzar y voltear atrás, notarás personas importantes decidieron no continuar, pero no te agüites, las mejores cosas están por llegar.

Así que si algún día no puedes más, recuerda que admiro tu forma de continuar.

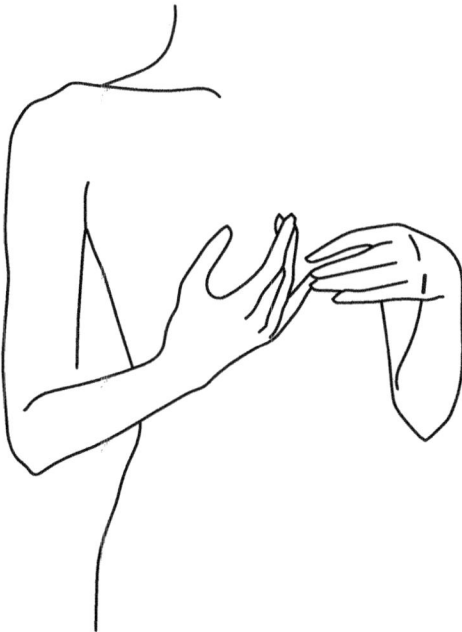

A veces no pasa, pero pasa.

Te dejé pistas

Recuerdo la emoción de aquella primera cita, recuerdo el color de tus ojos y la camiseta que llevabas puesta, la plática sin sentido que evitaba el silencio incómodo del primer encuentro. Aún cargo con las chispas del brillo que desprendías aquel día.

Desde el primer momento lo supe, supe que eras tú con quien había soñado por mucho tiempo, entonces… te dejé pistas.

Te dejé pistas por si este día llegaba, por si te perdías tratando de buscar lo que ya tenías, por si se abrían de nuevo tus heridas y te llevaban a una búsqueda interminable por sanarlas.

Te dejé pistas en cada rincón de tu cuerpo, en cada emoción y en lo más profundo de tu corazón.

Te dejé pistas en la piel y también en papel. Te llené de recuerdos, de primeras veces, de promesas, te dediqué la luna y hasta la bajé para ti.

Te dejé pistas en la forma única con la que te miraba, en los pequeños detalles que te hacían tan feliz, en la magia que se producía al juntar nariz con nariz.

Te dejé pistas en cada abrazo que te desarmaba sin violencia y te hacía sentir en casa. En fin, te dejé pistas por si no encuentras lo que estabas buscando, sepas como volver.

Cala ese pedo

Cala ese pedo de soltar, de olvidar, de dejar de recordar, de sacarte de mi vida cuando te has vuelto parte de la herida.

Cala ese pedo de aceptar que ya no estás, que sigues en mis contactos pero ya no te puedo llamar. Cala pensar que sabía cómo podía acabar y decidí arriesgar, rompí mis reglas y me dejé ir.

Aún me pregunto por qué si la vida quería darme una lección tuvo que ser contigo, ¿no pudo enseñarme con alguien más y después presentarnos? Todavía le pregunto al techo de mi habitación, las dudas que dejaste sin responder, porque cómo se deja de querer si parece que fue ayer.

Cala ese pedo de verte pasar con alguien más, de saber que no hubo fallo ni error y simplemente todo acabó.

Cala ese pedo de llevarte en los recuerdos, de creerle al amor eterno cuando ya ni siquiera te encuentro.

"Wey", cala ese pedo porque mi vida se detuvo mientras la tuya continuaba como si nada, y entonces entendí que cala ese pedo porque aún te quiero.

A veces no pasa, pero pasa.

No debe ser complicado

El amor complicado está sobrevalorado, nos asusta pensar que si en un lugar todo fluye, algo está mal. Nos maman los lugares donde nos tratan mal, justo en esos luchamos para quedar y aunque nos salta a la vista que no es ahí, nos aferramos a seguir.

No debe ser complicado, quizás complejo, pero no debe robar la paz, no debe apagar sino potenciar. No debe provocar miedo al momento de tomar decisiones propias, debería hacernos sentir libres al decidir.

No debe ser complicado explicar lo que sentimos o cómo nos sentimos, porque debería ser un lugar seguro, y si es complicado, lo único seguro, es que no es nuestro lugar.

No debe ser complicado. Estar en una relación debe ser una de las mejores decisiones que hayamos tomado.

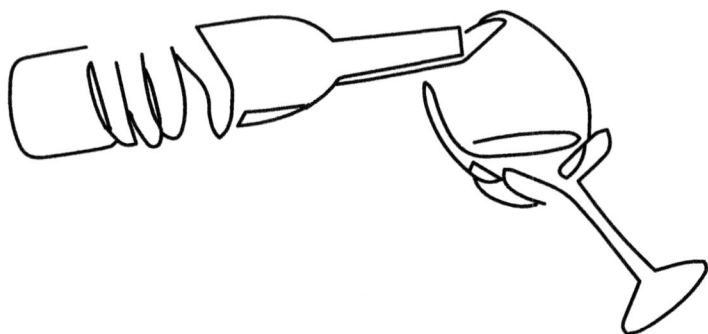

Con una mujer así

Con una mujer que se ama a sí misma, no hay juegos, haces algo mal y te vas a la chingada, ya está harta de cabrones como tú, que no saben lo que quieren.

Con una mujer así, te la vas a tener que rifar porque vatos como tú le sobran, así que si le vas a entrar piénsalo dos veces, ella no te va a rogar y tampoco va a jugar.

A una mujer así, no le asusta la soledad porque son mejores amigas, es más, si tiene que elegir entre tú o ella, ni lo va a pensar, la elegirá, así que no le des motivos para hacerlo.

Una mujer así ha pasado por cosas que ni te imaginas, la han hecho pedazos y se ha vuelto a armar cientos de veces por sí sola, por vatos que les valió madre el corazón que ella alguna vez puso a su disposición.

A una mujer así, siempre la verás ponerse cada día mejor, y lo mejor, es que no es para nadie más que para ella misma. Una mujer así, hace lo que le da la gana porque entendió que no necesita aprobación de ningún cabrón. Siempre la verás sonriendo, porque le agarró al pedo que no valía madre como la hicieron creer, se dio cuenta de lo pinche hermosa que está y no necesita oírlo de nadie más.

Así que tus regalos y cumplidos no la van a impresionar, en pocas palabras te las vas a tener que pelar. No hay nada que puedas ofrecer que ella misma no pueda conseguir, eso sí, si decide amarte, ¡cabrón!, no seas un pendejo porque ni yendo a Marte la vuelves a encontrar.

A veces no pasa, pero pasa.

Un lugar especial

Pongamos una cosa clara, nadie te obliga a estar en algún lugar en el que no quieres estar, las personas van y vienen, y contadas son las que se quedan para siempre.

No existen fórmulas mágicas, no nos hagamos pendejos, las relaciones son ida y vuelta, vamos, pero también regresamos. Amigos, novios, esposos, amantes, el pinche secreto es el mismo, apoyo mutuo.

Las personas indicadas aparecen sin buscarlas, y aun cuando no estén cerca, se percibe algo intangible que los mantiene unidos. Esas personas llegan, echan raíces y no se mueven por mas de la chingada que esté la tormenta.

No se necesita mas que un "hola" para escribir toda una historia llena de pláticas nocturnas, risas, lágrimas, abrazos e incluso besos. Creo que la vida prepara el camino para que todos podamos encontrarnos con esa persona, aquella que cruzamos alguna vez en nuestra vida, con quien sin darnos cuenta intercambiamos miradas, escuchamos su voz y hasta coincidimos sin saberlo, todo para que al final, pudiéramos encontrarla.

Las conexiones se construyen, cierto, también las encuentras, pero cuando sabes que es ahí, comienzas a levantar los cimientos de una relación que ni de pedo se viene a bajo con cualquier obstáculo. Una vez que confías en aquella persona, no hay nada que te detenga, y a partir de ese instante, quieres contarle todo lo que te sucede.

En fin, asegúrate de estar en donde quieres, porque la vida avanza y a veces los caminos se separan pero la conexión de almas, ni el puto tiempo la destruye. Dos personas que quieren permanecer, siempre buscarán la forma de lograrlo, sin importar si deben arriesgarlo todo, por encontrarse un instante.

Cariño

A veces vas por la vida buscando estrellas y te encuentras galaxias, personas que llegan y en vez de pasar se quedan, que aunque su tiempo es limitado guardan un poco para ti, y a pesar de que no es demasiado están ahí.

Cariño, sé que si te buscaba ni de pedo te encontraba, porque eres ese tipo de persona que es el destino quien se encarga de presentártela, y estoy seguro que tú ni en cuenta, pero, ¡madres! no te imaginas lo que para mí representas.

A ver, que no me voy a andar con mamadas, soy una persona que si no te quiere en su vida, ni de pedo te invita al café o por unos taquitos, pero tranquila, cariño tu amistad es demasiado buena para arriesgar, así que no te tienes porque preocupar.

Ni idea tenía que te iba a encontrar, menos de que me ibas a pelar, y aquí estás, como un número seguro a quien llamar cuando ya no puedo más.

Cariño, aún nos falta mucho por conocernos, pero no te preocupes tenemos una vida para hacerlo.

A veces no pasa, pero pasa.

De todo menos ganas

Te prometo que le eché huevos, le puse corazón, creatividad, tiempo, atención y aun así no jaló. Por mucho creí que fue mi culpa y descubrí que de lo único que soy culpable, es de tratar de arreglar algo que yo no rompí.

Nunca lo entenderé, así que sólo acepté que en ocasiones las cosas no pasan. Te juro que hoy sigo pensando que pudo faltarme todo, menos ganas. Porque esas me sobraban.

Tenía chingos de lugares que quería que visitáramos, quizá a estas alturas ya has de haber recorrido algunos cuantos. Ojalá al menos recuerdes que los planeaste conmigo y que si por mí fuera íbamos hasta la puta luna y de regreso, siempre y cuando fuera contigo.

Me faltó de todo menos ganas, chingos de veces lo intenté aunque todo estaba en mi contra, pero me mantenía en pie la esperanza llena de fe de que algún día sucedería.

Me faltó de todo menos ganas y sé que algún día lo vas a entender, cuando te des cuenta que no era con él.

No me digas: aquí estoy si me necesitas

No me digas, "aquí estoy si me necesitas", porque está de la chingada. No quiero necesitarte para que estés, quiero que estés, sin necesitarte.

No lo digas y te desaparezcas que no te voy a escribir si te necesito. Estoy hasta la madre de quien no tiene los huevos para irse, y es que me han demostrado que quien quiere estar busca la manera, ¿o ya no recuerdas que al principio, así era?

No me digas que vas a estar, si te vas a fugar, si a la primera oportunidad lo vas a olvidar.

No me digas que vas a estar y que te lo puedo contar, que te vas a alegrar conmigo, porque no es lo mismo mandarte whats a voltear y podértelo expresar.

No me digas que vas a estar, cuando en realidad bien sabes que te vas.

A veces no pasa, pero pasa.

Si te vas a ir, vete

Si te vas a ir, vete, pero no dejes rastro. Corta los hilos de don-
de pueda tirar para volverte a encontrar. Vete con calma y sin
preocupación, pero no seas egoísta y dale oportunidad a quien
sí quiere.

Vete sin voltear atrás que voy a estar bien. Preocúpate más por
encontrar aquello que te hará dejar de buscar, y plantarte en un
lugar para dejar de lastimar a los demás.

Vete sin remordimiento y sin preocupación, sólo asegúrate de
que no sea una simple emoción, porque cuando despiertes de la
ilusión, te darás cuenta que perdiste alguien que te amaba bien
cabrón de corazón.

Vete con tus recuerdos y tus promesas, no me escribas, no me
llames, no te aparezcas, no quiero verte.

Vete si ya tomaste tu decisión, no necesito una explicación, no
compliques la situación y vete sin hacer tanto show.

En verdad si te vas a ir, vete, pero no regreses, porque te voy a
decir que sí todas las veces que quieras volver, y no es justo que
te aproveches de eso.

No lo busques

No lo busques, no vale la pena. No te mentiré, va a doler y va a doler cabrón, pero vales más que eso, vales más que cualquier trofeo en este mundo y el estar contigo tiene que ser un privilegio, no un regalo que cualquiera pueda tener.

Eres increíblemente asombrosa, eres eso que nos impulsa a muchos a ser mejores personas, eres única, eres inigualable, eres hermosa. Vales más que miles de likes y millones de seguidores. Tal vez ahora puedas sentir que no hay otro como él, y es cierto, porque siempre hay alguien mejor que cada persona.

Realmente te mereces algo mejor, deja de buscar en sus redes sociales, darle importancia y levantar su ego. Deja de llamar con excusas, dedícate tiempo, haz cosas que dejaste de hacer porque a él no le gustaban. Tómate el tiempo para leer, aprender y finalizar metas que dejaste en el camino, por alguien que no te valoró.

Vuélvete más y más fuerte cada día. Miles de mujeres están haciendo cosas increíbles a diario porque realmente saben quienes son.

Tu dignidad como mujer tiene que estar sobre cualquier cosa, no eres un objeto, eres alguien más valiosa que aquel sujeto. Eres fantástica, eres alguien increíblemente fuerte.

No mereces cualquier cosa, no puedes entregar tu corazón a un idiota que no lo sepa valorar, no deberías.

Las personas muy pocas veces cambian, y lo sabes, pero cuántas veces necesitas que te destroce el corazón para saber que nunca lo hará. En fin, de corazón, no lo busques.

A veces no pasa, pero pasa.

Y si

Y si en vez de preguntarnos: qué sucedería si... ¿Comenzamos a descubrirlo?

Dicen que el temor de descubrir cosas nuevas, es la limitante más grande que hay para descubrir nuestro verdadero potencial. Hay historias que comienzan justo después del "y si", ¿y si le digo?, ¿y si voy?, ¿y si le tomo de la mano?, ¿y si digo que sí?

Imagina que gran parte de las cosas suceden por sí solas, ¿sabes cómo cambiaría todo si las provocamos? Jamás culpes a los demás por cosas que no te atreves a hacer, hay experiencias que nunca van a llegar a tu vida si no las buscas. Es verdad, quizá va a ser difícil pero, ¿quién dijo que iba a ser fácil? las mejores cosas requieren esfuerzo, sacrificio y constancia.

Todo lo bueno comienza con un: y si.,. Pero no todos están dispuestos a descubrirlo. La mayoría prefiere vivir las historias de otros que escribir la suya propia de puño y letra.

El mejor momento para comenzar ya pasó, pero no todo está perdido porque el mejor momento para hacerlo hoy, es ahora.

¿Estás con la persona correcta?

Estar con la persona correcta es estar con aquella que te impulsa a ser mejor cada día, que busca saber más de ti y que nunca te dejará caer, porque si tuviera que darte su paracaídas, lo haría sin pensarlo.

Las personas somos un baúl de sorpresas, y cuando creemos conocer todo de alguien, descubrimos nuevas cosas, pero estar con la persona correcta, no tiene nada que ver con ser iguales, olvidamos que cada individuo es un mundo diferente y aun así queremos comparar lo externo de otras relaciones con la nuestra.

Algunas veces nos preocupamos más por el futuro, y el presente se nos va de las manos. Discutimos por cosas que aún no suceden y pasamos por alto que los sentimientos son inestables, y si sólo nos dejamos guiar por ellos sin filtrarlos por nuestra conciencia, pueden ser engañosos.

Pasa cuando justo después de ver una película romántica quisiéramos que nuestra relación fuera como la de los protagonistas, y es que en todas las películas existe un guión que leyéndolo puedes anticiparte a los problemas, pero en esta cinta llamada vida donde tú eres él o la protagonista, no lo hay.

Toda tu historia y el final de esta se basa en decisiones, buenas o malas, siempre te llevarán a algún lugar. No tengas miedo de cuestionarte si estás con la persona correcta, porque reconsiderar esa decisión puede llevarte a donde querías estar y no podías..

A veces no pasa, pero pasa.

El amor es así

El amor es así, complicado, complejo, inexplicable. El amor para mí es algo que no se busca, mas bien te encuentra, te captura y te transforma.

Imagina que dos personas que se aman con la misma intensidad coincidieran, sería algo, inimaginable. Muy seguramente sería de esas historias que tanto vemos y de las cuales quisiéramos ser parte.

El amor existe, es visible, pero sobre todo podemos sentirlo. Quizá a veces está parado junto a nosotros, mientras miramos al lado opuesto. El amor mueve al mundo y el amor verdadero, nos hace mejores personas, es verdad, el amor duele, pero no lastima, tal vez te haga llorar pero no de dolor.

Quien te ama, jamás te hará daño, lo importante para ti, será prioridad para la otra persona. Nunca menos. Porque cuando entiendes el amor, te das cuenta que no se lucha al estar perdiendo a alguien, ni siquiera debería ser una lucha, cuando amas, con gusto te reinventas cada día. No implica un esfuerzo, mas bien es un deleite.

Verle sonreír, mirarle a los ojos y saber que le haces sentir especial, que su sonrisa te pertenece, que no necesita de nada más.

El amor está por sobre toda las cosas y quien te hace amarte a ti primero, realmente te ama. El amor es bonito, algunas veces no correspondido y no por eso deja de ser amor. Tal vez ahora no lo entiendas, pero en algún punto volverás a leerlo y ahora sí coincidiremos.

Cuando explotes de amor, cuando un simple abrazo te dé paz, cuando el sexo se vuelva lo último porque te la pasas tan bien que es en lo que menos piensas, entonces entenderás que el amor verdadero es muy diferente al amor. Que puedes estar enamorado o enamorada, y aun así no haber amado.

El amor es así, algunas veces te roba el sueño y otras te hace soñar. De el amor nadie se escapa, y cuando te atrapa estás perdido. Así que ama y ya, sólo asegúrate que sea correspondido.

Una en un millón

Ella es una en un millón, de esas que sin hacer mucho te hacen perder la razón, a quien sabes que desde el principio por mucho tiempo vas a amar y te vas a clavar, sin embargo, es lo mejor que te podrá pasar.

Una en un millón, de esas que traen historia en cada lágrima y aun así te entregan el corazón. Aquella que le costaba volver a creer en el amor, por pendejos que sólo le pintaron ilusión.

Le gusta ir despacio porque aprendió que corriendo te puedes tropezar, que hay que disfrutar y quien esté dispuesto, a paso lento la va a esperar.

Una en un millón, a quien no sólo le escribes una canción sino le haces un álbum completo. Esa que cura heridas sin ser enfermera y de paso te arregla la vida entera.

Una en un millón, esa que siempre tiene la boca llena de razón, que ve lo que tú no ves. Aquella que pone orden a tu vida cuando no creías tener salida.

Una en un millón, esa que se queda cuando todos se van, que no te abandona cuando tus planes salen mal, que si ladrillo por ladrillo hay que colocar, ella se la rifa sin pensar porque sabe que juntos lo podrán lograr.

A veces no pasa, pero pasa.

Hoy es uno de esos días

Hoy es uno de esos pinches días donde me agarran las ganas de saber cómo estás, de volverte a llamar, de buscar cualquier puto pretexto para verte, para volver a oír tu voz que le quitaba lo gris a mis días.

Hoy es uno de esos días donde me apetece salir a caminar, ir por un café, hacer el súper, llegar a cocinar y ver la misma serie que veíamos todas las noches, reírnos de los mismos chistes y terminar recorriendo cada rincón de tu piel hasta el amanecer.

Hoy es uno de esos días donde te hice café, y se enfrió porque no estabas. Donde el polvo de la mesa en el lugar que te sentabas, delata tu ausencia. Perdona mi exceso de fe, aún mantengo nuestras fotos sobre la repisa, porque tengo la esperanza de que algún día vas a volver, y quiero demostrarte que nunca te dejé de querer.

Hoy es uno de esos días donde me pregunto, ¿qué haré con las cosas que dejaste en el auto?, el espejo donde te maquillabas aún está abierto. El asiento, tal cual lo dejaste, las marcas de tus pies sobre el tablero siguen ahí, incluso tu recuerdo se mantiene presente cuando suena la canción que te encantaba poner y no podías dejar de cantar.

Hoy es una de esas ocasiones donde tus caricias lo arreglaban todo, donde me esforzaba por acabar el día de mierda con tal de llegar a casa y recostarme en tus piernas, mientras jugabas con mi cabello. Donde prendíamos la televisión y no la veíamos, donde te pintabas las uñas mientras preparaba la cena, donde nos bañábamos y terminábamos en la alfombra de la sala recorriendo cada parte de nuestro ser.

Hoy es uno de esos días donde llegué y no te encontré, donde te busqué y no te hallé, donde revisé tu perfil y recordé que para ti quedé en el ayer.

Hoy es uno de esos días.

Te perdiste lo mejor

Te perdiste de mis amigos, de sus ocurrencias, solidaridad, carisma y de nuestras reuniones. No tuve tiempo de incluirte en los cumpleaños, ni pudiste ser parte de los pretextos más absurdos que buscábamos para reunirnos. Te faltó platicar con mi mejor amiga, escuchar las historias de cuando corría a su casa con el corazón hecho pedazos, de las veces que me dieron en la madre y cómo después de todo eso, me brillaban los putos ojos cuando le conté de ti.

Te faltó que mi madre intentara ser la mejor suegra, y en su afán de serlo, casi casi, me vendiera como un producto. No alcanzaste a probar todas sus comidas, ni que te pusiera el café y te contara lo feliz que me veía contigo. Ni siquiera le diste chance de que sacara el álbum familiar para presentarte a la familia, que te hablara de mis travesuras de pequeño, y rematara con que soy un buen muchacho.

Te perdiste del atole de mi abuela, de los consejos de amor a la antigua un poco obsoletos pero genuinos. De las bromas sin sentido de mi tía, y hasta de una que otra mala cara de mis primas, no porque les cayeras mal, sino por la envidia del mujerón que eres.

Te perdiste de los intercambios de regalo navideños, del pavo y los postres en la cena. De las batallas campales donde dejábamos la vida por recoger todos los dulces de la piñata. De las fotos y los chismes familiares. Cariño, te perdiste del anillo de compromiso que había pasado por generaciones, de la abuela.

Me pregunto qué haré con todos los besos en la frente que me faltaron darte, con los abrazos donde te rompías en llanto pero encontrabas paz, con los masajes de pies que quedaron pendientes y con las promesas que te hice.

Te perdiste lo bonito de crecer juntos, de saber lo que es tener 10 pesitos en la bolsa pero también de rajarnos la madre para juntar 100. De buscar un departamento o una casita en renta porque nos rebasan las ganas de vivir juntos, de arriesgar sin tener nada seguro. ¿Qué haré con el color que elegimos para pintar las paredes? Te confieso que no me gustó mucho pero por ti acepté, porque te brillaron los ojos cuando supiste que nos mudaríamos.

Te perdiste lo mejor, o quizá lo dejaste para alguien mejor.

A veces no pasa, pero pasa.

Me costó un chingo encontrarte

Me costó un chingo encontrarte, así que no es un opción perderte. Me vuela la cabeza sólo de pensar cómo alguien no te supo querer con todas sus pinches fuerzas. Lo agradezco porque te encontré pero la neta que pendejo el "wey".

Sin quererlo te soñé, y cuando desperté deseaba que fueras real. Por un tiempo no quería saber nada del amor porque me dieron en la madre bien cabrón. Entonces apareciste, con esa sonrisa cabrona que me atrapó, con esos ojitos llenos de amor, con tus ocurrencias y heridas del pasado que cargabas por un imbécil que no te valoró.

Que si te buscaba no te encontraba, y estuvo bien así, porque posiblemente no iba a estar listo para manejar todo ese amor que estabas dispuesta a dar. No sé en qué momento ya tenías mi taza favorita, las llaves de mi casa y un lugar para tu cepillo en el baño, pero me encanta.

Me encanta ir de compras y verte ser tú misma, que te falte un tornillo es tu mejor cualidad, admiro como puedes bailar en cualquier lugar y me fascina como te vale madre el qué dirán. Amo tus berrinches y lo despistada que eres, amo verte caminar y saber que a donde vayamos eres las más pinche hermosa del lugar.

Encontrar alguien que te ame es una joya pero conectar, es como ganarte la lotería, y nosotros vamos por la vida entendiéndonos sin hablar. Me encanta que contigo puedo ir por los tacos y "banquetear" o ir al bar, pero también podemos ir al mejor restaurante y ser la envidia del lugar. Que puedes ser mi compa pero también mi debilidad.

No hay momento que no sea una aventura a tu lado, camino que contigo no quiera recorrer. Sé que juntos vamos a llegar más lejos porque somos un equipo, listos para levantarnos cuando caigamos e impulsarnos cuando queramos emprender cualquier proyecto.

Cariño me costó un chingo encontrarte y lo mejor de todo es que fue cuando no te buscaba.

Mereces ser esa chica

Mereces ser la chica en quien no puedan dejar de pensar, a quien le den seguridad, estabilidad y paz. Esa que en sus malos ratos tenga un hombro donde llorar, un desayuno en la cama al despertar y notitas por todos lados para cuando sienta que no puede más.

Mereces ser esa chica a quien presuman y no escondan, de quien hablen todo el tiempo y no sólo a ratos, esa a quien le den su lugar y hagan sentir que no hay otra igual. Tienes toda la pinta de ser esa chica especial en la vida de alguien, quien con una puta sonrisa te levanta el ánimo y con un te amo te mejora la vida.

Mereces que te tomen de la mano, te abran la puerta del auto si quieres, que te llenen de promesas y las cumplan. Que tomen en cuenta tus opiniones y hagan caso a tus emociones. Que entiendan que habrán días malos y necesitarás de comprensión, de cariño y de una que otra chuchería.

Mereces ser esa chica que le hagan perder la cabeza, que puedas ir por la vida volviendo a sentir ese amor adolescente. Que te llenen de fotos y momentos, de flores y detalles, que te regresen un poco de todo lo que das.

Mereces ser la única chica en su vida, la que le haga no querer mirar a nadie más, a la que llevan en la foto de perfil y a quien menciona cuando tiene que dar un buen ejemplo.

Mereces ser quien le haga pensar dos veces antes de meter la pata o mejor aún, que ni le pase por la cabeza, pero si no estás siendo todo eso, aléjate de ese lugar porque mereces más de lo que te hicieron creer.

A veces no pasa, pero pasa.

Pongamos un huertito

Puede que no le sepa mucho a ese pedo, pero veo que a ti te encanta, que te la pasas horas y horas, podando, sembrando y regando tu huertito. Admiro la pasión y dedicación con la que le das todos los días hasta ver florecer a tus plantitas.

Te propongo algo, pongamos un huertito en el que tú y yo seamos parte, reguémonos de amor bien cabrón y vamos a darnos los cuidados necesarios para no dejarnos morir. Busquemos la forma de que los cambios de ánimo, así como los de temperatura, no nos afecten.

Vamos a podar lo malo para que lo bueno pueda florecer, a sembrar amor a diario sin importar si ya hay demasiado. Comencemos por dejar de comparar nuestro huerto con el de otros que no podemos ver lo interno y quizá lo externo sean falsas expectativas. Vamos a cuidar el propio, a preocuparnos más por él.

Te consigo unos guantes para que no te espines y me corto de tajo lo que de mí te lastima. Te riego y me riegas, te procuro y me procuras, te cuido y me cuidas, y así nos vamos hasta lograrlo.

Pongamos un huertito tú y yo solitos, vamos sin prisas, con calma y con amor, seguro que en el camino cosechamos todo lo que sembramos y si nos aferramos echamos raíces bien cabronas que nos mantendrán en tiempos de sequía.

En fin, pongamos un huertito, grande o chiquito pero bien bonito.

Ella no es igual que ayer

No te extrañes cuando la veas sonreír de nuevo en las fotos, echar desmadre e ir por la vida como si fuera su último puto día. La dejaste hecha mierda, te lloró noches enteras y mientras tu orgullo era más fuerte que el amor, despedazabas su corazón.

Ella no es igual que ayer, ha avanzado, se ha reinventado y ahora sale de fiestas los fines de semana, toma sus propias decisiones y por fin pudo ver lo pinche hermosa que está. Desde ahora no la impresiona cualquier cabrón porque se alejó del más grande de todos.

Ella no es igual que ayer y cada día que pasa deja de ser lo que fue. Dejó de importarle la opinión de los demás y comenzó a escuchar la suya. Está juntando para su cochecito, para un departamento o una casita. Le va mejor en el trabajo y cuando sale de fiesta llega a la hora que quiere. Nadie le dice qué hacer y si se equivoca al menos lo intenta.

Se comenzó a arreglar, y sin maquillaje ya era una pinche diosa, arreglada te cagas. Se va de rumba con sus amigas y aunque todas tienen pareja, ella sólo escucha y agradece de los pedos que se evita. Es cierto, se regresa a casa solita, pero al menos ya no va con prisa.

Ella no es igual que ayer, ha sanado sus heridas y se ha vuelto más selectiva, ya no se caga de miedo porque la dejen, se ha dado cuenta que puede irse cuando se le pegue la gana. Aprendió a no necesitar de nadie porque ahora se tiene ella misma y sabe que nunca se abandonará.

A veces por las mañanas se mira al espejo para recordarse lo buena que está, no por el estándar de las revistas, sino por criterio propio, porque entendió que los cuerpos "imperfectos" son los más perfectos.

Ella no es la misma que ayer, echó a la basura todas las inseguridades que le sembraron en vez de plantarle amor. Entendió que puede regarse ella misma hasta verse florecer, que no necesita de nadie que le diga cómo lo tiene que hacer, porque desde que está sola, se vuelve más chingona de lo que fue ayer.

A veces no pasa, pero pasa.

Quien pide perdón gana sin haber fallado

Creo que no te pide que la entiendas pero sí que la comprendas. No puede leer tu mente, ni tú la de ella, y si van por la vida suponiendo, el amor acabará muriendo.

Quizá no es que te lamentes por todo, pero sí que pidas perdón aunque las cosas ya estén arregladas. Que le hagas saber lo afortunado que te sientes por tenerla, porque a veces te tocará pedir perdón sin haber fallado y entonces habrás ganado, no por ti, por ambos.

Estar en pareja es una de las cosas que muchas veces se toman a la ligera, pero en realidad estarlo es un camino de curvas y baches, donde en ocasiones el copiloto se vuelve piloto y viceversa.

No pidas perdón cuando te descubran, pide perdón porque te arrepientes de haber fallado, al final del día eso nos hace humanos. Mentir para tapar el error, hace que el pedo se vuelva más cabrón y si en verdad quieres estar con ella, no esperes a que sea tarde para al fin, pedir perdón.v

No me arrepiento de haberte intentado

No me arrepiento de haberte intentado, y aunque me dolió cabrón dejarte ir, fuiste lo mejor que pude descubrir. Me sigue pintando una sonrisa en la cara pasar por los lugares donde solíamos ir, de recordar los momentos que pasamos ahí, de saborear nuestro primer beso y recordar cómo terminamos arreglando los pleitos con papitas y refresco.

No me arrepiento de haberlo intentado, de sostener tu mano cuando todos la habían soltado. De apostar por ti aun cuando íbamos comenzando, de llenarte la vida de sonrisas y las noches de sorpresas. No me arrepiento de habérmela rifado porque eres alguien que vale la pena completa, coño que te hubiera intentado las veces que fuera necesario hasta lograrlo.

No me arrepiento de haberte intentado aunque no se haya logrado, aunque me costaste lágrimas y chingos de pañuelos, a pesar de robarme los sueños por un momento, de parar el tiempo mientras reconstruía lo que dentro de mí se rompió.

No me arrepiento de nada, porque valió la pena cada sonrisa, cada mirada, abrazo y beso robado. Puede que no terminamos la historia, pero comenzamos a escribirla y fue todo una aventura.

No me arrepiento de haberte intentado porque te amé con locura y sacaste lo mejor de mí como yo lo mejor de ti, y aunque a veces las cosas pasan y otras no, no me arrepiento de nada porque todo lo que pasó fue contigo.

No me arrepiento de haberte intentado y si la historia se repitiera la volvería a vivir, aunque conozco el triste final, daría lo que fuera por volverte a encontrar.

A veces no pasa, pero pasa.

Te acordarás de mí

Te acordarás de mí cuando vayas por la vida buscando algo similar a lo que yo te di, cuando quieras jugar los juegos que inventamos, pero nadie los entienda porque eran sólo nuestros. Me recordarás en tus malos ratos, porque sólo yo entendía cómo funcionaba la compleja forma que se necesitaba para hacerte sentir bien.

Te acordarás de mí cuando ya no puedas burlarte de los desperfectos de mi auto, esos que nos hacían cagarnos de risa porque bromeábamos con ellos. Ahora viajas en un último modelo y lo entiendo, es nuevo, pero no lleva historia en sus asientos.

Me recordarás cuando quieras hablar de lo que no puedes hablar con cualquiera. Cuando quieras ser tú misma y te esté costando serlo. Cuando quieras que te entiendan sin decir una sola palabra. Cuando te rodeen unos brazos y no te llene ese abrazo.

Te acordarás de mí cuando bebas café por la mañana en la taza que te regalé. Cuando no tenga ese toque de canela que tanto amabas, lo buscarás hasta que recuerdes que nadie lo prepara mejor que yo.

Te acordarás de mí cuando te quieran a ratos. Cuando extrañes la forma en la que te presentaba con todos. Cuando te des cuenta que tu suegra no es mi madre y que hasta posiblemente no le caes del todo bien, y mi madre; ella te amaba.

Sé que te acordarás de mí en aquellos viajes con silencios incómodos, cuando no te dejen elegir las rolitas ni hagan una playlist con la música que te gusta, cuando de regreso no tomen de tu mano, ni te llenen de cientos de "te amos". Las estrellas te recordarán todas las veces que te dije que brillabas como ellas. Te encantaba que lo hiciera.

Te acordarás de mí porque di todo por ti, dejé poco margen, tanto que cuando quieran consentirte te darás cuenta que contra lo que hice por ti nadie puede competir.

No tengas prisa

No tengas prisa que ese amor bonito te va a encontrar, ahora preocúpate por sanar y por rebozarte de felicidad. Va a llegar, además no es tan culera la soledad como todos piensan, ella siempre te dirá la verdad y por más que duela lo hará.

No tengas prisa, vive y disfruta que ya has sufrido demasiado y no estabas exagerando, simplemente se lo contabas a las personas incorrectas. Está bien no estar bien siempre, la vida no es una línea recta donde puedes ver lo que hay al final y evitar estrellarte con eso, así que tómate tu tiempo.

A tu ritmo y sin prisas pero siempre avanzando, que nada apague tu sonrisa porque, ¡madres!, cargas con la mejor de todas. No te preocupes por tu próxima relación, por saber cuándo o cómo será, preocúpate por estar lista para ella, porque tendrás toda una vida para disfrutarla.

Rómpete la madre por conseguir lo que siempre has querido, por juntar ese dinerito para irte de viaje con tus amigos, por llegar alto sin temor a que te corten las alas. Aprovecha el tiempo para reinventarte o para conocerte mejor, encuentra la paz en ti que dejaste ir.

No tengas prisa que lo que es será y lo que no, pasará. Que no se te ocurra buscar en alguien más lo que en ti puedes encontrar.

Deja que ese amor te encuentre pero mientras tanto vuélvete más fuerte, mental y emocionalmente, para que quien de verdad llegue a quererte, se lleve lo mejor de ti cuando lo intente.

A veces no pasa, pero pasa.

Una historia diferente

Necesitas una historia diferente, con alguien que esté dispuesto a reescribir toda la mierda que para tu mala suerte has vivido. Ya has escuchado cientos de veces las mismas excusas cuando alguien se va, y lo que no puede faltar es el "cuentas conmigo". Como si fueras a llamarle después de que te dio en la madre.

Busca alguien que no tenga miedo de escribir su propia historia a tu lado, que le cague vivir las historias que otros ya han escrito, alguien que no tenga idea de lo que va a pasar pero porque es contigo se la rife, aun sin saber si va a funcionar.

Engánchate con esa persona que no te hace dudar, con aquella en quien puedas confiar, alguien que se preocupa por tu bienestar y ya no está para juegos pendejos de "te ignoro y te dejo de hablar".

Y la neta, si te la vas a jugar por alguien, que sea por ese wey que le chinga por ganarse lo que tiene. Que huye de la comodidad. Que de puño y letra te llena de poesía y versos sin sentidos. Que está listo para quedarse sólo contigo y no ande buscando probar otros labios, porque ¡qué hueva! repetir la misma historia de tratar de cambiar a alguien que no se es leal ni a sí mismo.

Si ya conoces la historia y sabes cómo comienza, también estás segura de cómo terminará, no te engañes que ya conoces el final. Por favor huye de ese lugar y de todos los demás hasta que encuentres una historia diferente, donde valga la pena el poderte quedar.

No es el final

No es el final. Repítelo al espejo todos los putos días hasta que te lo creas, aun cuando dejes de dudarlo, sigue recordándotelo que lo vas a necesitar. Vale madre lo que hayan dicho, tú eres lo que decides ser, le guste a quien le guste y le arda a quien le arda.

Preocúpate por no fallarte a ti, por no traicionarte, por no dejar que nadie quiera limitarte. Vive lo que tengas que vivir, ve a donde tengas que ir y no te quedes con las ganas de nada, que no sabes si el mañana estará ahí cuando te decidas.

No es el final, aún hay mucho por hacer, cientos de películas por ver y miles de personas por conocer. Ya es momento de darte cuenta que lo que no pasó por algo fue y lo que pasará ocurrirá cuando tenga que ser. Mientras tanto cuídate mucho, riégate de amor a diario y hazte un diario para que escribas lo que tengas que decir.

Toma mucha agua, haz ejercicio, amplía tu mente, aprende cosas nuevas, sal a caminar y vuelve a conversar. Como sea, haz lo que tengas que hacer que aún no es el final, te vi una vez y no lo volví a hacer, sigue por tu camino y deja que sea el destino quien nos vuelva a juntar.

No es el final porque nos falta volvernos a encontrar.

Fraseario

Toda frase es de quien la necesita
Si las usas en Instagram, etiquétame para repostearte.
@eljotace_

A veces no pasa, pero pasa.

1. En ocasiones la vida decide retener
esa segunda oportunidad, con el único fin
de que al final, tengamos algo para contar.

2. Si no te gusta donde estás ahor
muévete, no eres un árbo

3. Algunas veces se gana
y otras se aprende.

4. El origen de todo colapso humar
comienza con una notici

5. Hay historias que se escriben
en el corazón, y esas jamás se borran.

6. ¡Hey! Tus ojos son tan hermos
como para que andes opacándol
con lágrima

7. Si lo haces por ti, adelante,
no te detengas. Si es por los demás,
ni lo intentes.

8. A veces es válido tomarte un tiemp
pero que no sea toda la vid

9. No justifiques tus errores del presente
con las vivencias de tu pasado,
si eres libre de elegir,
no tienes excusa.

10. Si nadie cree en ti, no te preocupe
te aseguro que cuando lo logres, lo hará

1. Los consejos dejarán de existir
cuando las personas ya no se equivoquen.

12. Las acciones siempre tienen una reacción.
Si nada sucede, provócalo.

3. Siempre será más difícil volver
donde eras feliz, que mantenerte ahí.
¡No la cagues!

14. Cuando alguien te diga que no es fácil,
créele, algún día también necesitarás que te crean.

5. Cuando no te haces las preguntas difíciles
es porque sabes las respuestas,
pero no quieres enfrentarlas.

16. La solución más fácil no siempre
es la correcta, y algunas veces
la correcta es la más difícil
pero vale la pena.

7. Si el tiempo que pasas viendo
en qué momento está en línea
lo invirtieras en ti, todo sería diferente.

18. Lo complejo del tiempo es que no se detiene,
pero a veces conoces a alguien que hasta él
se da cuenta que vale la pena parar
por un momento, y así ese instante
pueda durar un poco más.

9. Cuando dejes de buscar
perfección en un cuerpo,
encontrarás corazones hermosos.

20. Las mentiras sólo aplazan lo inevitable.

A veces no pasa, pero pasa.

21. No todos tienen la capacidad
de descubrir tu verdadero valor y
no por eso debes aceptar la oferta
de quien no tiene idea de lo que vales.

22. Está bien que te esté llevando la chingad
pero que sea a donde tú quiera

23. Si pudieras ver lo grande que llegarás a ser,
dejarías de perder el tiempo y comenzarías a prepararte.

24. Existen millones de estrell
pero ninguna de ellas brilla como t

25. No es justificación estar roto o rota,
recuerda que las crayolas siguen pintando
aunque estén hechas pedacitos.

26. Las apariencias engañan a todos menos a

27. ¿Por qué tú? Porque miraba tus ojos
y podía ver nuestra historia en ellos.

28. Nadie tiene derecho a hacerte perder la
en el amo

29. No es la estatura, el cuerpo ni la belleza
la que te hace una gran persona, es el corazón
la humildad y la inteligencia.

30. Quien te pregunta cuál es tu trago favorit
en vez de querer saber sobre tus planes y meta
te llevará a las mejores fiestas, pero nunca
cumplir tus sueño

*1. No todo tiene que ser perfecto
para poder hacerte feliz, pero debe darte paz.*

*32. No te preocupes, podrán robarte las ideas,
pero nunca el talento.*

*3. Si te detienes a pensar en el tiempo
que has perdido, lo estás perdiendo de nuevo.*

*34. Si su amor cambia con su estado de animo,
probablemente no es amor, nadie que te ama te abandona.*

*5. La magia de estar vivo sucede cuando
comienzas a poner atención a los pequeños detalles.*

*36. No te acostumbres a voltear siempre
y ver a esa persona especial estar ahí para ti,
puede que algún día voltees sólo para encontrarte
con su recuerdo. ¡Cuida de ella!*

*7. ¿Estás para ver si funciona
para hacer que funcione?*

*38. A veces tienes que aceptar las cosas
como son y no como hubieras querido que fueran.*

*9. En los brazos correctos
o necesitarás más que un simple abrazo.*

*40. El corazón jamás olvida
donde ocurren los mejores latidos.*

A veces no pasa, pero pasa.

41. Buscando una estrella encontré
una galaxia y al mirar sus ojos descubrí
el universo.

42. Lo mejor de la vida
no se planea, simplemente sucede.

43. La lealtad es una cualidad tan costosa
que no puedes esperarla de personas baratas.

44. Quiero ser la respuesta que des cuando
te pregunten por qué estás tan feliz últimamente.

45. No se trata de ver quién es bueno
ante tus ojos, sino quién es leal a tus espaldas.

46. Una persona insegura
seguro tiene alguien que la tiene segura.

47. Tal vez sólo era el amor de tu vida,
no para tu vida.

48. Te puede faltar dinero
pero si te faltan aspiraciones estás perdido.

49. Hay una gran diferencia entre un "me gustas"
y un "te amo". Cuando te gusta una flor la arrancas,
pero cuando amas esa flor, la cuidas y la riegas a diario.

50. Sonreír no siempre significa que estás feliz,
algunas veces es señal de que eres fuerte.

1. Qué loco, que por no saber lo que quieres
uedes perder a quien te quiere.

52. Jamás le pidas a alguien que se quiera ir
que se quede.

3. A veces no es miedo a comenzar de nuevo
no temor a que suceda lo mismo.

54. Te van a buscar en cientos y miles de personas
pero no te encontrarán, te lo aseguro.

5. El problema no es el amor,
problema es que lo buscamos
1 unos ojos que ni siquiera nos ven.

56. No busques excusas cuando bien sabes
que quien te ama, no te lastima.

7. Algunas veces el amor sólo tarda una canción
otras te la pasas toda la vida bailando.

58. Mereces alguien que te mire todos los días
con la misma intensidad que aquel día cuando
se enamoró de ti.

9. A veces la persona que más intenta
acer reír a los demás, es la que más necesita
e una sonrisa.

60. No te das cuenta del ruido que hace una persona,
hasta que ya no está, y todo se vuelve silencio.

A veces no pasa, pero pasa.

61. Algunas veces aceleramos aun
sabiendo que nos vamos a estrellar.

62. Hay relaciones que duran toda una vida
nos enseñan que no debieron hacerl
Otras que también duran para siempr
y te hacen saber que el amor rec
aún exist

63. Quizá no funcionó pero
ahora sé qué quiero y qué no.

64. Y es que a la taza de café por las mañan
le faltan cucharadas de t

65. Ojalá algún día encuentres
a quien también te está buscando.

66. Después de tanto buscarte decidí espera
Si tiene que pasar, pasará y si no, también "pasará

67. La atención no se pide porque
a quien le importas no te descuida.

68. Acostumbrarte a las relaciones tóxic
te hará dudar de lo que realmente merece.

69. Recordatorio: las mejores relaciones
no se explican, lo reflejan.

70. Lo interno es lo que permane

*1. A veces lo que queremos
no es lo que necesitamos.*

*72. En ocasiones nuestras heridas son
los espacios que Dios usa para brillar.*

*3. No es lo mismo "creer" que "confiar".
Quien cree en ti te anima desde la orilla
pero quien confía se mete al mar contigo.*

*74. Qué valiente eres por sonreír
mientras lloras por dentro.*

*5. En ocasiones la determinación
en la dirección incorrecta es terquedad.*

*76. El lugar o las personas que se crucen
en nuestro camino a lo largo de la vida,
tienen que ser mejores después de habernos conocido
o cuando ya no estemos, entonces, todo habrá valido la pena.*

*7. Llegará alguien que cuando te vea bailar,
suba el volumen en vez de apagar la música.
Entonces te darás cuenta, que por mucho tiempo
bailaste con la persona equivocada.*

*78. Cierto, después de la tormenta
llega la calma, pero lo que nadie te dice
es que después de la calma hay que reordenar todo.*

*9. No pierdas tu chispa porque puede ser la que encienda
el corazón de alguien que ya se había apagado.*

*80. No, no te hace falta más malicia,
al mundo le hace falta más gente como tú.*

A veces no pasa, pero pasa.

81. Eres un arcoíris
viviendo en un mundo de daltónicos.

82. Hay abrazos que desarma
aunque pongas resistenci

83. Tú dudando de ti misma, y sin darte cuenta
vas cambiando la vida de las personas,
simplemente siendo quien eres.

84. Sonríen para el mun
pero juntos le sonríen al univers

85. Te imaginas, si todo ese amor que tienes para dar,
lo dieras para la persona que está lista para recibirlo,
probablemente las cosas serían diferentes.

86. Quizá el destino no tiene a la persona correct
tal vez no hay señales, sino casualidades. No todo es
destinado a ser, pero quien quiere estar en tu vi
de la forma que sea, hará hasta lo imposible por estar

87. No te dejó de amar, quizá sólo comenzó a amarse
y eso lo cambió todo.

88. Calma, ya aparecerá algui
que presione el botón de reset aunq
ya hayas renunciado a tod

89. Si no nota tu ausencia,
no le importa tu presencia.

90. Lo imposible sucede de muchas forma
algunas con el tiempo y otras, cuando menos lo espera

91. Cuando dejamos de buscar, encontramos.

92. No sabían que existían,
pero encontrarse fue lo mejor que les pasó.

93. Eventualmente las personas olvidan lo que dices,
pero jamás lo que les haces sentir.

94. Eres la poesía que alguien
recitaría por el resto se su vida.

95. Nunca te "adaptes"
a aquello que no te haga feliz.

96. No te aferres a alguien y "te hagas" compatible
que cuando realmente lo seas, te asustará que todo
sea tan fácil y puede que lo eches a perder.

97. Eres el tipo de persona
que sonríe unos segundos
y marca de por vida.

98. Lo tenías todo, magia sin trucos,
amor sin medida y aun así le dejaste ir.

99. El matrimonio no es señal de éxito,
ni la soltería de fracaso.
Hay solteros completos y esposos
incompletos.

100. Quizá no sea con quien cuentes la historia
sino con quien escribas el final.

AGRADECIMIENTOS

A Dios por ser ese amigo que muchas veces necesité y siempre estuvo.

A mi familia por haber confiado en mí, Indira (mi madre), Juan (mi padre) y a mis hermanas Erika y Carolina.

A Jaqueline y Erick por salvarme cuando mi barco se hundía, por aguantarme tanto y escucharme hablar una y otra vez de lo mismo.

A Shaira, Victor, Peluches, Natalia, Maquitos y Luly, por acompañarme y aguantar todas mis etapas hasta que al fin lo logré. Los amo con todo mi ser.

A Nelly porque apareció en el momento justo. Por su amistad y atención genuina, por estar ahí aunque no era su obligación, por su honestidad y sinceridad. Por ser un ejemplo de que chingándole, lo puedes conseguir.

A quien no puedo nombrar pero sabrá que es esa persona y se quedará impreso o digitalizado en este libro, mientras exista.

Y por supuesto, a ti que decidiste comprarlo.

Juan Del Campo, es del club de "los fracasados", de los que se desvelaban jugando fútbol y videojuegos, de aquellos que se decía, no iban a llegar lejos, los que tuvieron nada y también lo que siempre quisieron, los que nunca se rindieron.

Supongamos que aquí iría una biografía pero, me da igual, es mi libro y no quiero hablar de mí, quiero hablarte a ti.

Este libro es la prueba de que chingándole, desvelándote y fijándote metas, aún cuando todo esté en contra, puedes lograrlo. Nunca permitas que nadie que no logró lo que quería, llegue a picar los cimientos que vas construyendo para lograr llegar a donde soñaste.

Grábate esto: La constancia puede llevarte más lejos que cualquier habilidad. Me tomó más de 10 años comenzar y salir de mi zona de confort pero cuando lo logré, gracias a Dios, todo se acomodó. Si yo pude que estoy medio pendejo, tú también puedes.

¡Nunca te rindas!

Instagram: @eljotace_
Facebook: @eljotase
Twitter: @eljotace_
Spotify Podcast: Eljotace
Youtube: eljotace_

Printed in Great Britain
by Amazon

45467940R00047